El futuro que nos ganamos

Hebert Gutiérrez Morales

El futuro que nos ganamos

ISBN: 979-884-886-754-1

Índice

Breve introducción

Desde hace años, no hay día en que no vea, lea o escuche algo sobre el daño que le estamos haciendo al planeta, además de ver las acciones inconscientes de la humanidad al respecto.

A veces me preguntó si no estoy en dimensión desconocida, porque no puedo concebir que la gran mayoría de la humanidad sea tan indolente con el problema, que parece no importarle aunque nosotros mismos somos los causantes de nuestra próxima extinción.

Sin embargo, no lo voy a negar, también me analizo a mí mismo y veo que también soy parte del problema, tal vez no al mismo nivel que los seres más brutos, pero también tengo mi parte del pastel.

Sé que esta publicación no va a cambiar nuestro destino, pero era algo que debía compartir, con la esperanza que a alguien le abra los ojos, aunque ya sea tarde para ello.

Si no está roto ¿para qué componerlo?

Camino a la Malinche

El día de ayer fui a la Malinche con mi amigo
Luis; cuando llegamos a nuestro punto de partida para
empezar a correr (la segunda pluma) vimos un paisaje
desolador: habían pavimentado el camino.

Al inicio nos quedamos algo extrañados y, por
qué no decirlo, hasta indignados: "¿Por qué hicieron
esto?" La probable respuesta, de algún funcionario del
gobierno tlaxcalteca, sería que dicho camino lleva al
albergue y era necesario asfaltarlo para que los
visitantes lleguen de manera rápida y cómoda. Aun
así, no es una respuesta satisfactoria.

Obviamente el correr en el bosque sigue
siendo una experiencia muy padre, sin embargo el
camino asfaltado no iba con el lugar. El camino rural,
sin duda alguna, complementaba a la perfección la
experiencia de recorrer la Montaña. "¿Por qué
hicieron esto?" Es lo que me preguntaba mientras
seguía mi camino "Por el progreso" era la respuesta
obvia.

Honestamente, no creo que nadie se quejara
del camino de terracería de La Malinche, sin embargo
a alguien se le ocurrió "mejorar" la situación. Ahora
le han quitado algo de la esencia de recorrer el lugar,
un poco de su magia, todo por ese recordatorio de
civilización que tenemos con cada paso que damos.

Ese maldita necesidad humana de traer
"progreso", se necesite o no. Sé que, como raza e
individuos, el cambio y la evolución son necesarios.

La mayoría de nosotros disfrutamos las comodidades de tener un hogar confortable, acceso a Internet o escoger cualquier tipo de comida sin tener que cazarla. Ciertamente hay muchos avances que agradezco y sin duda me siento afortunado por las comodidades que tengo a comparación de muchas otras personas.

Sin embargo, creo que hay nichos que deberíamos respetar pero no lo hacemos, al parecer no nos detenemos ante nada, y destruimos ("modificamos" dirán los que toman las decisiones) cualquier ecosistema que se nos pone en frente.

La Presa en Jalcomulco

Cuando hice Rafting en Jalcomulco el año pasado, había una fuerte campaña en contra de que la CFE construya una presa que afectaría todo el Ecosistema del Río La Antigua. El argumento de dicha obra es generar electricidad para abastecer la demanda regional.

Los habitantes de los pueblecillo a la orilla del río están en contra de dicha obra, ya que afectaría seriamente su modus vivendi, además de las actividades ecoturísticas, también se verían afectados pescadores y agricultores por igual.

De todo corazón espero equivocarme pero, conociendo el modus operandi de este país, los de CFE van a acabar construyendo la presa, sin importar a quién se lleven en las espuelas, ya sea un ecosistema o las poblaciones que viven de él.

Con esta obra, además de que ya no habría el cauce necesario para los Rápidos, muchas personas emigrarían a las grandes ciudades porque ya no podrían sustentarse en sus lugares de origen.

Obviamente la electricidad es una necesidad pero ¿de quién? Jalcomulco y los pueblecillos aledaños al río tienen la infraestructura suficiente para vivir plenamente entonces, ¿de dónde viene dicha necesidad de más energía? Me parece que la capital del estado jarocho, Xalapa, sería la más sospechosa.

¿Qué pesa más? ¿Unos cuantos pueblerinos, pescadores y agricultores, afectados o una urbe grande con mayores intereses económicos? La respuesta ya la sabemos, misma que va a ignorar el bienestar de los pueblerinos, de los turistas y, sobretodo, del ecosistema afectado.

Árboles junto al camino

Cuando era niño y viajábamos del DF a Puebla, normalmente optábamos por la carretera federal, ya que estaba llena de árboles, lo que hacía el camino más reconfortante, sin importar que nos tomara un poco más de tiempo.

Con el paso de los años, se incrementó la circulación entre ambas urbes, así que la carretera federal ya no resultaba óptima, por lo que una ampliación de dos a cuatro carriles fue planeada. Hasta ahí todo en orden, el problema fue la masacre que se hizo para lograr dicha ampliación: cientos, si no es que miles, de árboles fueron talados para tener suficiente espacio para la ampliación.

Cuando circulaba por dichos tramos mi indignación y tristeza eran insoportables "¿Por qué hacen esto? ¿Acaso no había otra opción?" Me parece que había suficiente espacio para ampliar a tres carriles totales, así habría tramos en los que se podría rebasar y volver al carril original, además de que las carreteras federales no son de alta velocidad. ¡Pero no! Sin importarles nada más, talaron arboles muy añejos, esos mismos que me sacaban una sonrisa desde niño, e hicieron su ampliación a cuatro carriles. ¿En verdad era necesaria tal masacre?

Todo esto es producto del consumismo enfermo que experimentamos, de un crecimiento de población obsceno, producto de la falta de educación, de las grandes ambiciones políticas, del egoísmo que nos ciega y que nos impide ver más allá de nuestras necesidades y nos vuelve inconscientes con el planeta y el resto de nosotros.

Progreso donde no se necesita

Sé que el sentido común es el menos común de los sentidos, pero en verdad no me puedo explicar ciertas decisiones que a primera vista son unas estupideces. No vivo propiamente en Puebla, sino en un pueblo suburbano llamado Cuautlancingo. A pesar de ya formar parte de la mancha urbana poblana, dicho pueblo sigue manteniendo mucha esencia de un lugar apacible.

Cuando salía al trabajo, desde mi anterior casa, el transitar por la avenida principal era muy fluido y tranquilo, rara vez encontrabas algún problema que te dificultara el avanzar pero, un día, llego el mentado Progreso. El presidente municipal actual quería que el pueblo dejara de serlo para convertirse en una ciudad pequeña así que "inteligentemente" colocó una cantidad de topes y semáforos a lo largo de la avenida principal.

A veces me pregunto ¿Acaso hay un examen de estupidez para aspirar a ser político? En verdad me llama la atención lo increíbles que resultan sus ideas . . . . . increíblemente malas, cabe aclarar. Además de la inversión en materiales para poner toda la infraestructura vial (topes, semáforos, señalamientos, pintura, etc.), lo único que se logró con dicha acción es entorpecer el tráfico en una vía que resultaba muy fluida.

Así que el estrés de ciertos conductores se empieza a disparar, por lo que se pasan altos o se ponen a rebasar de manera arriesgada. Esta "maravillosa" acción progresista dio resultados pésimos: más tráfico, más contaminación, más estrés, más violencia al volante, más tiempo perdido y más gasto económico (por la inversión y la gasolina adicional que se quema).

Este caso es muy obvio, pero hay algunos más pequeños a lo largo de Puebla, en lugares dónde lo semáforos no son necesarios, debido a que la zona es tranquila y fluyen los vehículos bastante bien. De pronto a algún funcionario "brillante" se le ocurre la idea de poner un semáforo, mismo que sobra y que arruina lo fluido que el tráfico era antes de la instalación de dicho aparatejo.

Sé que el progreso es necesario pero ¿hasta qué punto? ¿Acaso ya no hay nada que respetemos? ¿No nos damos cuenta que el planeta es finito y un día ya no va a haber más lugares en donde instalar el mentado Progreso?

Al vivir en la ciudad, debido al alumbrado público, uno se olvida de las estrellas de manera muy rápida pero, cuando tienes la oportunidad de estar lejos de la civilización y ves la magnificencia de un cielo estrellado, me llego a preguntar ¿En verdad vale la pena sacrificar esto?

24 de Marzo del 2013

El gusto de no ser una amenaza

"Cada mañana salgo a dejar una cubeta al patio
trasero, en donde hay pajaritos en mi árbol cantando
por el amanecer. Las primeras veces, cuando salía, se
quedaban callados y hasta que volvía a entrar
reiniciaban su canto. Con el tiempo se fueron
acostumbrando a mí y ahora no cesan en su canto a
pesar de estar ahí presente. Considerando lo
destructivos que somos los humanos, no debe de
haber mayor homenaje de la naturaleza que
reconocerte como alguien que no la amenaza."

Seis de Diciembre del 2018

Homenaje a mi fresno

Desde pequeño se me inculcaron valores ecológicos muy fuertes, tratando de ahorrar recursos (agua, luz, electricidad, gasolina, etc.) en la medida de lo posible para no dañar (tanto) al planeta.

De hecho, de los pocos recuerdos positivos que tengo de secundaria, es cuando el profesor de Ciencias Naturales nos llevaba a reforestar por lo menos dos veces al año, así que me sentía más útil al planeta.

Hoy en día, al vivir solo, se me facilita mucho llevar un estilo de vida más ecológico y austero que el humano promedio. Tal vez por ello, la naturaleza es buena conmigo y me premia con uno de sus más preciados tesoros: árboles.

Sin que los plante, dos veces han crecido grandes árboles en mis pequeños jardines (el de la casa anterior y el de la actual). Obviamente también ayuda que no soy especialmente prolijo con dichos jardines y dejo que la naturaleza se encargué se llenar el espacio con cuanta yerba silvestre quiera decorar.

En mi casa anterior, se me cayó una semilla de aguacate (sin que me diera cuenta), misma que germinó y empezó a crecer de forma muy bonita. Yo estaba feliz con mi joven árbol, incluso subí algunas fotos de él al Facebook, que fue cuando me aclararon que, al ser un Aguacate, era necesario trasplantarlo ya que todavía era joven porque, de lo contrario, iba a acabar destruyendo la casa por lo grandes que crecen.

Un amigo me ofreció su ayuda y su terreno, así que fuimos y lo trasplantamos, ya que el lugar era enorme e iba a poder crecer de manera libre. Iba a extrañar a mi aguacate, pero sabía que estaba en un lugar mejor. Así que mi primera experiencia con árboles caseros terminó bien.

Por desgracia, la segunda ocasión fue un poco más trágica.

Ya en mi casa actual seguí con la costumbre de que la naturaleza se hiciese cargo del jardín. Un día, entre las muchas hierbas, empezó a crecer, lo que yo creía, una planta diferente, misma que seguía creciendo y creciendo. "¡Qué raro!" me dije "Esta planta ya está muy grande".

La verdad es que fui desobligado y, como era delgadita, pues no le vi mayor problema a que siguiera creciendo "En algún momento va a dejar de hacerlo". Pero la "planta" siguió desarrollándose y sacando ramas, que fue cuando me di cuenta que era un árbol. "¿Cómo chingados creció un árbol acá atrás?" me pregunté, pero como daba sombra, tenía hojas bonitas y atraía pajaritos que cantaban felices, no le vi mayor problema.

Todo este episodio con el árbol se dio durante dos o tres años, así que no fui tomando consciencia de la situación porque día con día no veía gran cambio en él y la felicidad de tener "mi" árbol (con serenata de pajaritos cada amanecer y cada atardecer) no me permitía ver que hubiese algo malo.

Así como los padres se dan cuenta que sus hijos son adultos de un día para otro, a pesar de estar presentes en cada momento de su desarrollo, una mañana vi que mi árbol ya estaba muy grande, porque ya estaba más alto que la casa (unos siete metros) y el tronco estaba muy grueso.

De hecho, por primera vez, me fijé que ya se estaba recargando sobre las protecciones y, cuando eventualmente las tirara, lo iba a hacer sobre la pared. Además, en días ventosos, se mecía bastante, lo cual ponía más presión a las protecciones. También caí en cuenta que las raíces del árbol estaban levantando parte del piso de mi comedor, que está junto al jardín. Como me hice consciente de que el árbol iba a seguir creciendo busqué un jardinero.

"Es un Fresno" me dijo el Sr. Leopoldo "y todavía está joven" complementó. "¿Cómo chingados llegó un fresno a mi pinchurriento jardín?" le pregunté (de forma más educada obviamente) al jardinero, a lo que me contestó que era factible que algún pajarillo haya traído la semilla de manera fortuita.

Mi intención original era que lo podaran pero el Sr. Leopoldo me dijo que había que talarlo, ya que el tronco iba a engrosar más, al igual que las raíces, misma que iban a levantar la casa y la de los vecinos y que, de todas formas, iba a ser talado, pero con más trabajos y más destrozos, tanto a mi casa como a las de los alrededores.

Chequé en Internet y tuve sentimientos encontrados: por un lado me emocionaba que un árbol tan majestuoso como un fresno hubiera nacido en mi casa, porque en las imágenes se veían tan hermosos que cualquiera se sentiría orgulloso de tener uno. Por otro lado, debido a esas mismas dimensiones, entendía que el jardinero tenía razón: había que talarlo antes de que fuera demasiado tarde, aprovechando que aún era joven, aunque ya sin posibilidad de trasplantarlo, porque las raíces ya estaban muy gruesas y profundas.

La verdad tenía mucha carga moral (de hecho aún la tengo, por eso estoy escribiendo esto como primer paso para desahogarme). Mi educación o valores están orientados para cuidar a la naturaleza, así que actuar en contra de ella se siente muy mal. Por otro lado, todavía necesito mi casa para vivir, así que no había opción en realidad.

Recordé lo triste que me sentí cuando en casa de mi mamá, que tiene unas jardineras enormes, tuvieron que talar las dos jacarandas que me acompañaron en mi adolescencia, pero cuyas raíces ya estaban destrozando el piso y el del vecino de atrás.

Así que no podía permitir que el problema se volviera más grave. En momentos así sufres uno de tantos lados feos de ser adulto: el tomar decisiones que no son bonitas pero que son necesarias.

Ayer fue el día fatal y aunque ya había hablado con mis vecinos del fraccionamiento de atrás, todavía intentaban hacerme cambiar de opinión, ya que les gustaba mucho mi Fresno, y hasta limpiaban con gusto todas las hojas que tiraba el árbol por los pajaritos que atraía y porque se veía bonito.

Dejaron de insistir cuando les explicamos (El Sr. Leopoldo y yo) que era la casa de los pajaritos o la mía, porque el árbol iba a destruir la casa eventualmente, así como iba a dañar las de ellos. Vi la cara de resignación de mis vecinos y los entendía, yo tampoco estaba feliz, pero no había otra solución.

Incluso Irene, mi vecina de al lado, que me había chuleado el árbol en otras ocasiones, me expresó su tristeza porque lo estaban cortando y, aunque entendió por qué lo hacían, eso no cambiaba su frustración.

Una de las resoluciones internas que había tomado para acceder a cortar el Fresno era que iba a sembrar otros árboles para resarcir mi daño a la naturaleza, aunque aún no sabía en dónde ni cómo. Por fortuna, mi vecino de atrás me dijo que tiene un terreno justo para reforestar y me lo ofreció para pagar mi deuda con el Fresno, y eso me dio un poco más de tranquilidad.

Mientras los muchachos cortaban las ramas y lo iban talando de arriba para abajo, el señor Leopoldo me confesaba que también sentía feo tirar árboles pero que, para su alegría, plantaba muchos más de los que cortaba, así que eso le ayudaba a lidiar con la culpa.

Cuando acabaron de tirarlo de mi lado, sentí mucha tristeza al ver el tocón resultante, aunque aguante la lagrimita que quería sacar por pudor con los muchachos. En donde sí sentí una mayor tristeza fue al anochecer cuando escuchaba a los pajaritos que venían buscando "su" árbol y este salvaje humano se los había quitado. Ahí sí no pude contener las lágrimas y es que, como me dijo Irene, los dejé "Homeless" a los pobres y en verdad me rompió el corazón escucharlos desesperados al no encontrar su morada.

Hoy por la mañana noté que se veía mucha más luz en el comedor, pero eso no me alegró en absoluto porque extrañaba la sombra del Fresno y el feliz canto matinal de los pajaritos :'-(

Las aves seguían viniendo en busca de su árbol, como si hubiese sido un mal sueño y a la mañana siguiente ahí estuviera esperándolos. Así que tuve que cerrar las ventanas y la puerta de atrás, porque seguían buscando su Fresno y sabía que se podían meter a la casa. Y no es que les tenga miedo, pero no quería que se lastimaran o se asustaran cuando los tuviera que sacar. De hecho a Irene sí se le metió uno a su casa en su desesperación de encontrar al árbol.

Además de los árboles que voy a plantar en el terreno de mi vecino, platiqué un poco con el Sr. Leopoldo para ver qué poner en la jardinera. Me gustaría un pequeño árbol que no crezca mucho y que no signifique un riesgo, por lo menos para resarcir un poco mi daño con los pajaritos huérfanos.

Es entendible el hueco que deja una mascota cuando se va, por toda esa interacción que tienes con ella. Por esa falta de interacción directa, al ser un objeto "inanimado", uno pensaría que el talar un árbol no dejaría un hueco tan grande, pero el vacío es profundo por toda la vida que genera y la felicidad que nos regala a los que estamos alrededor.

Algo que me da tranquilidad a largo plazo es que el planeta, árboles incluidos, va a recuperarse de la desgracia que le significamos como humanidad ya que, una vez que acabemos con nuestra vanagloriada civilización (y con nosotros mismos), la naturaleza

volverá a recuperar lo que le pertenece, y los árboles
destruirán nuestras casas para volver el paisaje verde
con el cual no aprendimos a convivir.

Perdóname Fresno querido, en verdad fue mi
culpa. Cuando naciste debí preocuparme por saber
qué eras y, aún joven, trasplantarte (como mi
aguacate) a algún lugar en donde fueses libre y feliz.
Te juro que serás el primero y el último árbol que
talaré porque, aunque yo no te corté, fui el autor
intelectual de tu muerte. Y eso me hace sentir pésimo.
:'-(

31 de Marzo del 2019

La nociva humanidad

Este escrito no pretende develar el hilo negro de nada, porque es un hecho conocido que el humano es excesivamente nocivo para este pobre planeta que tuvo la desgracia de albergarlo.

En realidad escribo esto para toda esa gente que no sabe leer entre líneas ni interpretar distintos hechos que tenemos al alcance, por lo mismo no puede conectar los puntos; lo cual no quiere decir que yo sepa hacerlo exactamente, pero me gustaría por lo menos intentarlo. Así podré volver a leer esto en un futuro y me diré a mí mismo "¡Caramba! ¡Qué visión tan atinada tuviste!" o "¡En verdad rebotabas de tan pendejo que estabas!"

Un mundo plastificado

El otro día me hice consciente que tiene 5 años que no recibo bolsas en el súper al comparar mis víveres, ya que tengo la mía de yute, misma que cargo a todos lados para minimizar el uso de plástico.

Sin embargo, durante todo ese tiempo, no me han hecho falta las de plástico para la basura porque SIEMPRE tengo disponibles en la casa, esto porque hay ocasiones en las que no se puede evitar recibirlas: al adquirir ropa, recibir paquetes, souvenirs en el extranjero, los empaques de diversos productos, al comprar comida preparada y demás.

Es casi imposible que a tu casa no entre algún plástico, ya que la mitad de todo el que se ha producido en la historia se ha generado en los últimos 10 años. Lo cual quiere decir que la misma cantidad que se produjo entre 1960 (que fue cuando se empezó a comercializar en masa) y el 2009 (o sea 50 años) es la misma cantidad que se ha producido entre el 2010 y el 2019.

Las botellas de agua

Este incremento desmesurado en el consumo del plástico tiene algunos factores involucrados, uno muy importante son las bebidas embotelladas, en especial el agua. De los refrescos no voy a hablar porque es de sobra conocido que son nocivos para la salud, además de que sus envases son igual de contaminantes. Así que me voy a enfocar en algo que la gente considera positivo, que le hace bien a su persona y, en una lógica muy pendeja, que de alguna manera también debe serlo para el planeta.

En recientes años se ha disparado de manera obscena el consumo de agua embotellada, todo por esa necesidad de la gente de sentirse fit o saludable además, de manera inconsciente, también por el status que da al verse con su botellita en la calle. En donde esa vanidad está contribuyendo cañón a dañar el medio ambiente y, bueno, en realidad, **todas** nuestras vanidades están destruyendo el planeta.

Al producir tantas botellas es necesario usar una enorme cantidad de (irónicamente) agua, además de que elaborarlas aumenta la emisión de dióxido de carbono, o sea uno de los factores del calentamiento global. "Pero es que las botellas se pueden reciclar" dirá algún bienintencionado, lo cual es parcialmente cierto.

En realidad sólo el 7% de las botellas son de plástico reciclado, mientras que el 93% restante son nuevas. ¿La razón? Porque es más barato generar una nueva que reciclarla (lo mismo pasa con las bolsas). Ahí, más que preocuparnos por reciclar, deberíamos ocuparnos en no generar más.

Generar pocos residuos

Eso lo aprendí en Japón, en donde su generación de basura es baja, tanto que no hay botes de basura en la calle, porque cada cual se hace cargo de sus desperdicios hasta que llegan a casa y, lo poco que generan, lo separan y lo reciclan, lo cual es reflejo de una cultura respetuosa y consciente (a excepción del tema de ballenas y delfines ¬_¬U).

Esta postura es totalmente diferente a la de los gabachos en donde compran como desesperados, generan una cantidad enorme de desperdicios que posteriormente, para limpiar en algo sus culpas, pretenden reciclar pero, como ya mencioné con el caso del plástico, no siempre es tan factible.

Tomando como idea la esencia japonesa, y regresando al agua embotellada, una vez que se vacíe tu botella, trata de reutilizarla (por lo menos) unas cinco veces, esto al rellenarla con agua de garrafón. Igual y no recibes la misma satisfacción de comprar una nueva y romperle el sellito, pero ciertamente habrás dejado de tirar cinco botellas que iban a contaminar más.

Por ejemplo, cuando voy a primer mundo llevo mi cilindro y lo lleno con agua de la llave que es potable. De hecho NUNCA he comprado esas botellitas de agua que ocasionan tanta contaminación, aunque obviamente refresco sí, pero en pocas ocasiones, porque me educaron para tomar agua de fruta o simple. Obviamente en México no tenemos la opción de tomar agua de la llave, pero sí podemos comprar un garrafón y de ahí abastecernos.

Los desechos que no se van

Hemos generado tantos desechos plásticos que ya se encuentran en todas partes sus partículas, incluso en el agua que bebemos (sin importar que esté purificada o se tomé en la naturaleza), porque el problema no sólo es el plástico tal cual, sino que termine en el mar o quemado.

Pero a (casi) nadie le importa porque, volviendo con las bolsas de plástico, uno saca la basura al frente de la casa y, en cuanto pasa el camión recolector, deja de ser su problema para pasar a ser el de alguien más, como si se lo llevaran a otro planeta u otra dimensión, como si ignoráramos que estamos en la misma roca flotando en el universo y eso que tiramos va a acabar en otro lugar de nuestro mismo hogar. Aunque no la volvamos a ver, no quiere decir que dejará de existir.

Al vivir solo, trato de generar la menor cantidad de desperdicios posibles, así que sólo saco una bolsa mediana de basura por semana; sin embargo veo la cantidad que generan mis vecinos y es algo obsceno, porque son varias bolsas por casa que sacan cada tercer día que pasa el camión (o sea tres veces a la semana).

Y eso sólo es en mi fraccionamiento, si lo vemos por la cantidad de gente que vive en el mundo, tal vez nos daríamos cuenta de lo grande que es el problema y lo ligero que nos lo tomamos.

La generación más consumidora y, por ende, contaminadora

Hoy en día la gente cree ser más consciente que el siglo pasado, sin embargo, les aseguro que en la actualidad se contamina más que, digamos, los años 50s. Primero porque la población era mucho menor y, por otro lado, el nivel de consumo actual es brutal, porque la gente no deja de comprar, ni abandona sus comodidades.

Y es que el nivel de consumo no sólo no baja, sino que se acelera, de hecho los Millennials no sólo son la generación más pobre en términos económicos, también son la más endeudada, esto porque quieren mantener el nivel de compra brutal al que se han acostumbrado.

Así que por un lado se creen muy ecofriendly, veganos y todo lo que quieran para salvar al mundo, pero por el otro no dejan de consumir su cafecito de Starbucks, de cambiar de I-Phone cada año, de cargar sus dispositivos móviles dos o tres veces al día, consumir como locos en Amazon, tomar a diario sus botellitas de agua o utilizar el Uber para ir a la esquina.

El desperdicio de agua

Porque a todos nos gusta la vida bonita y entre más recursos, más lujos pretendemos darnos.

Recuerdo que mi exbrujer, al bañarse tenía 30 minutos la regadera abierta constantemente, a todo lo que daba, gastando agua y gas a más no poder, patrón que repetía su hija, lo cual se presentaba a diario.

Cada una de ellas, en una sola ducha, consumía el agua que yo me echaba en un mes entero para bañarme. Porque en mi caso abro la llave, una vez mojado la cierro, me enjabono, me rasuro y después la vuelvo a abrir poco más de un minuto para enjuagarme.

Recuerdo haberle reclamado y me decía "Es que tengo frío y, en lo que se calienta, la dejo abierta" a lo que le daba alternativas como poner una cubeta para no desperdiciar esa agua, pero se le hacía muy complicado y molesto.

¿Saben lo que es realmente complicado y molesto? Bañarse con una sola cubeta con agua, que es lo que les está pasando a los habitantes de las ciudades que carecen de este líquido, como ya se está viendo en Sudáfrica.

Los sacrificios que no estamos dispuestos a hacer.

El ser humano moderno es egoísta y no quiere renunciar a sus comodidades, cree que con un mandar un tuit, o poner un post en Facebook cambia algo, incluso este pinche escrito no cambia el hecho de la inconsciencia humana, sin importar los datos que pueda dar.

Pero, por más que me esfuerce, también soy parte importante del problema. Por ejemplo, me encanta comer carne, que es uno de los más grandes factores contaminantes del mundo, por las áreas deforestadas para el pastoreo, así como los gases (flatulencias y eructos) que emite el ganado ¿Y eso hace que deje de comerlas? ¡Para nada! Ciertamente he disminuido su consumo, pero no la he dejado por completo.

Otro hecho que contamina bastante son las emisiones de los aviones, de los cuales soy cliente frecuente, ya que genera más contaminación per cápita que los propios autos. De hecho hay una campaña en uno de los países nórdicos (me parece que es Suecia) para ya no usar los aviones, lo cual se ve poco factible en esta época del boom por el turismo, en el cual la gente viaja más. ¿Creen que la gente va a dejar de volar por las emisiones? Obviamente no.

Ahora, aunque soy consciente del mal que hago al planeta con esas dos acciones, también me esfuerzo de manera seria al ahorrar en agua, electricidad, gasolina, gas (que no lo uso en absoluto), consumo mesurado de mercancías (prefiero las experiencias), generación de basura y demás, por lo que creo que mi paso por el planeta no es tan nocivo.

Aunque siendo honestos mi estilo de vida, que raya en muchas ocasiones en lo austero, es abiertamente criticado por quienes me rodean, porque dicen que me limito de más, sin embargo, en un futuro no muy lejano, esas costumbres anacoretas que tengo con los recursos, serán la ley y no la excepción ante la falta de los mismos.

El punto de no retorno

No se trata únicamente de sembrar árboles y separar la basura, lo cual ayuda pero no es suficiente. En el caso de los árboles el beneficio se verá dentro de dos o tres décadas cuando, tal vez, ya sea demasiado tarde (y aun así, vale la pena seguir sembrándolos).

Aunque nadie lo quiere decir de manera abierta, para no crear una psicosis mundial, estoy convencido que ya tiene algunos años que hemos pasado el punto de no retorno. Por eso resulta bastante infantil creer que con sus "pequeños cambios" en las épocas actuales vamos a resolver dos siglos de actitud irresponsable hacia el planeta.

Tal vez esos pequeños cambios hubiesen sido lo correcto hace 200 años (que entonces no eran tan necesarios) pero ahora el daño es tan profundo que tendríamos que cambiar de tajo muchas cosas que, como he mencionado, nuestro egoísmo nos impedirá modificar.

Necesitamos hacer un cambio radical para intentar salvar el planeta el cual, siendo honestos, no va a pasar, ¿por qué? Porque no es algo que estemos dispuestos a realizar, ya que deberíamos empezar por no tener hijos, no usar gas, sólo bicicletas, dejar de consumir como si la vida se nos fuera en ello (que irónicamente así es) y dejar de comer carne entre otras tantas acciones que no se van a llevar a cabo. Acciones que eventualmente vamos a acabar haciendo pero no por consciencia, sino porque ya no nos va a quedar de otra dentro de un par de décadas.

Una especie que nada aporta y sólo quita

Y es que el humano es una raza increíble, ya que nos damos cuenta del destino hacia el cual nos dirigimos pero, al mismo tiempo, nuestros apetitos por consumir, de poder, de comer y demás, son más potentes, por lo cual no podemos frenar esas actitudes autodestructivas y, cuando controlamos una de ellas, creemos que estamos salvando al mundo.

Increíblemente el ser humano es la única especie que no aporta nada al planeta, a ningún ecosistema, nuestra existencia no genera nada bueno a la Tierra, al contrario, sólo nos dedicamos a destruirla, ya que no tenemos una función verdaderamente positiva en los ecosistemas en los que habitamos.

Es voracidad era pequeña hasta antes de la revolución industrial, en donde nuestro consumo era relativamente sustentable al haber una población reducida. A partir de dicha revolución, y el consecuente nacimiento del capitalismo, empezó a tomar velocidad ese proceso de destrucción del mundo, por lo que nuestro consumo de recursos llego a niveles obscenos, ritmo que ha ido creciendo de manera exponencial, al igual de la población que requiere de todos esos productos y servicios.

Y por fin estamos alcanzando el límite del planeta, en donde cada año utilizamos más de lo que la tierra es capaz de regenerar, y tomamos "prestados" recursos al sobreexplotarla, lo cual ocasiona muchos de los males ambientales que tenemos hoy en día: deforestación, erosión, sequías, sobreuso y contaminación de aguas y demás.

Los recursos empiezan a mermar pero no así la
población que, contrariamente, sigue creciendo, así
como sus "necesidades" ficticias como tantos
productos que requerimos porque, algún día sólo nos
vamos a dar cuenta que lo que en verdad necesitamos
para vivir es alimento, agua y algo con qué
guarecernos del ambiente, no Smartphones, Carros,
aviones, netflix y demás accesorios que creemos
vitales.

Somos nuestro peor enemigo

Lo chistoso de esa voracidad es que el humano
no sólo no respeta al planeta y sus ecosistemas, no
tenemos lealtad ni entre nosotros mismos. Muestra de
ello es que el número de multimillonarios sigue
creciendo en el mundo (en 2008 había 1125 contra los
2205 que había en el 2018), lo cual indica que la
brecha entre ricos y pobres se sigue intensificando.

Así como el planeta tiene su límite, la
humillación humana también lo tiene y, cuando se
empiecen a acabar los recursos y/o los pobres
empiecen a sufrir niveles (aún más) infrahumanos, el
descontento y/o descomposición social será cada vez
más evidente. Como decía cierto autor: "Cuando los
pobres no tengan que comer, se comerán al rico", lo
cual es una lógica muy cierta, el problema es que el
rico tiene a los círculos de poder (incluidas las fuerzas
armadas) de su lado, lo cual augura un caos de
proporciones épicas.

Y habrá quien piense, ingenuamente, que la
solución es mudarse a alguno de los países ejemplares
que hay en el planeta como Canadá, Finlandia, Japón,
Noruega, Australia, Suiza, Alemania, etc. El

problema es que sólo tenemos un mundo, y todas las acciones irresponsables de China, USA y el tercer mundo van a alcanzar eventualmente a las naciones que sí están haciendo su tarea. No dudo que dichos países trataran de cerrar sus fronteras, pero eso nunca ha detenido a un inmigrante que no tiene nada que perder, ni siquiera la vida.

Ahora, este escrito está bastante ligerito, porque se pueden poner a investigar en Internet todo el mal que le hemos hecho al planeta y el significado del mismo y se pueden deprimir de manera cañona, ya dependerá del grado de masoquismo que cada cual tenga para lo profundo de su investigación. Personalmente soy muy sensible, así que sólo escribo de lo que me voy enterando y, como pueden ver, con eso es suficiente como para preocuparse.

Si todo ya está perdido ¿Para qué preocuparnos?

Con un panorama tan oscuro, donde nuestro destino ya está definido, ¿para qué cuidar los recursos? ¿Por qué no acelerar el proceso de desvergue total del planeta? ¿Por qué no despilfarrar el agua, el gas, la gasolina, generar muchos residuos y, en resumen, darle más en la madre a la Tierra?

En alguna ocasión un compañero de clase alemán, al enterarse que no creo en Dios me preguntó sobre qué me impedía hacer daño al resto de seres a mi alrededor, ya que no creía en el infierno como castigo. Y le respondí que era una cuestión de valores, de esencia y educación.

Lo mismo aplica con el planeta que habitamos, en el cual deberíamos comportarnos de la manera más decente posible por tranquilidad propia: Para saber que no fui tan destructivo con la Tierra y, morir en paz cuando nos alcance el destino, ya sea de manera individual o colectiva.

Tal vez la situación ya sea insalvable, pero ese no es motivo suficiente para darse por vencido porque, cuando se acabe el agua potable, los bosques o el aire limpio, por lo menos tendremos tranquilidad en el alma al saber que hicimos lo posible para disminuir nuestro daño, porque TODOS nosotros contaminamos de una u otra forma, la diferencia está en las acciones que hacemos para disminuir esa huella nociva que dejamos tras nuestro paso por el planeta.

No lloremos por el mundo, él va a estar bien.

Seguramente mi postura es algo cínica, y no lo niego porque es una característica que he ido cultivando con la edad. Honestamente pasé años preocupándome porque el mundo humano se iba a acabar, ahora ya no me preocupa porque sé que así va a ser, sin importar todo lo que me esfuerce.

Antes me deprimía que se extinguieran tantos animales y ecosistemas y ahora, aunque me sigue entristeciendo, he aprendido a tomarlo con filosofía, primero porque es inevitable y, de alguna manera, es el ciclo de la vida de este planeta.

Ahora ya estoy en la etapa de la resignación, porque he entendido que ya no hay salvación, así que intentaré vivir mi vida lo mejor posible, sin afectar a terceros y tampoco que me afecten a mí.

De alguna forma he dejado mi aprensión por el planeta, porque he entendido que la vida se ha extinguido en varias ocasiones sobre él y se ha vuelto a regenerar, y es que a este mundo le quedan algunos miles de millones de años antes de que el sol lo aniquile, por lo que volverá a vivir en paz y, con algo de suerte sin una raza tan nociva como nosotros. De igual forma evolucionaran nuevas formas de vida que existirán de manera tranquila sobre la superficie de esta maravillosa casa a la que vilmente hemos destrozado con tanta impunidad.

Mi consejo, además de que sigan esforzándose por retrasar lo inevitable, es que traten de ser más leales con este hermoso planeta, es que disfruten la vida mientras puedan, viajen y traten de no ser tan nocivos, no tengan hijos porque, además de que van a venir a consumir más recursos, el futuro que les podría tocar no va a ser nada halagador, de hecho se torna bastante dramático. Ahora sí que, por el amor que dicen tenerles, mejor no los traigan a la vida, todos se los vamos a agradecer.

"Si supiera que el mundo se acaba mañana, yo, hoy todavía, plantaría un árbol" — Martin Luther King

25 de Agosto del 2019

Extinción por despilfarro

Se dice que un gran problema de la humanidad
es la sobrepoblación y, en consecuencia, el excesivo
consumo de recursos que tenemos de la tierra.
Aunque ciertamente somos muchos y requerimos de
bastantes insumos para vivir, desgraciadamente la
inconsciencia de una gran parte de la población
resulta aún más nociva, y está acelerando el proceso
de extinción al que, inevitablemente llegaremos algún
día.

Menciono esto porque en los últimos días he
constatado situaciones que no me dejan duda que nos
estamos ganando nuestro destino a pulso.

Pendejos, huevones e inconscientes

Voy caminando a casa después de comer,
cuando veo a salir a una pareja de un local de tortas,
se suben al auto, arrancan, avanzan 15 metros, se
estacionan en el Oxxo de enfrente y se meten a
comprar.

No lo podía creer, no sabía por cuál de los dos
hechos sentirme más indignado: A) Por la tremenda
holgazanería de no caminar 15 míseros metros o B)
por la brutal inconsciencia de desperdiciar recursos, y
generación de contaminación, de manera tan artera.

Nunca me he explicado por qué le llamaron
"sentido común" cuando en realidad es el menos
común de los sentidos. En verdad me impresionaba el
nivel de estupidez, valemadrismo e inconsciencia de
dicha pareja.

¿En verdad no podían caminar esos 15 metros y regresar al auto con sus compras? Digo, no es como que vayan a hacer la despensa al Oxxo y salgan con dos carritos llenos de mercancía (porque ni carritos tienen) y, aunque ese fuese el caso, no te mueres por cargar las bolsas durante 15 mugrosos metros.

Técnicamente para lograr un rendimiento mínimamente óptimo y que justifique el viaje, un auto debe recorrer por lo menos seis kilómetros. Por esa misma razón es que me voy caminando a mi comida corrida desde la casa, porque incluso por ese kilómetro y medio de ida y el de regreso (tres en total) no justifica la contaminación de arrancar el auto.

Pero ya sé que el mexicano suele ser holgazán, por algo estamos entre los más obesos del orbe, así que no espero que la gente siga mi ejemplo en cuanto a actividad física. Lo que sí me molesta la inconsciencia de prender el auto por una distancia tan ridícula.

El simple hecho de encender el motor implica un consumo grande de combustible y su consecuente emisión de contaminantes. Por eso se menciona una distancia mínima que justifique arrancar el auto (seis kilómetros), para que el recorrido prorrateé esas emisiones iniciales.

Pero eso a la gente no le interesa, ellos no se quieren cansar ni asolear durante 15 metros. Desgraciadamente esa inconsciencia no es exclusiva de México.

"I won't survive" by Gloria Gaynor

Cuando empezaron a salir los vídeos sobre un lavado de manos eficaz (esto debido al Corona Virus) el cual debe durar un mínimo de 20 segundos, varias fueron las celebridades que dieron sus propuestas para asegurar la correcta técnica y tiempo de aseo.

Entre esos vídeos estuvo uno de Gloria Gaynor, la cual cantaba la principal estrofa de su melodía más conocida ("I will survive") mientras se lavaba las manos. El problema aquí es que, durante TODO el tiempo que se aseaba, la llave del agua estaba abierta a todo lo que daba. Así que, calculo yo, por lo menos se desperdiciaron unos 15 litros de agua mientras la señora Gaynor se hacía la chistosita con su video.

Y no sólo es doña Gloria, porque esa actitud irresponsable, inconsciente y despilfarradora es la norma y no la excepción con nuestros vecinos del norte (y cada vez más con nosotros mismos).

Los Estados Unidos son los principales consumidores de recursos a nivel mundial. Obviamente China requiere más a nivel industrial, pero en el caso de los Estados Unidos estoy hablando a nivel individuo.

Y es que el gringo vive para consumir y, por ende, para desperdiciar. Tienen muy tatuado en el inconsciente eso de "úsese y tírese", sin importar lo que caiga en sus manos: por eso cambian de coche cada dos o tres años (si eres rico cada año), compran ropa por temporadas y desechan la anterior "porque pasó de moda", y ya no digamos con la tecnología, porque están a la caza del último smartphone, Tableta o Pantalla para comprarla y desechar la anterior.

Ya ni les digo con la comida, porque cada vez que voy a Estados Unidos es increíble constatar la cantidad de alimento que desperdician, es algo simplemente obsceno. Y es que el gringo, al estar programado para consumir, saben que siempre pueden comprar más de lo que les gusta o hace falta, por lo cual no le importa desperdiciar o despilfarrar, es más hasta les agrada porque eso significa que van a estrenar algo nuevo pronto, así sea una maldita bolsa de papitas o un refresco, el caso es consumir.

El problema es que ese consumo desmedido está teniendo consecuencias. Por un lado, para hacer toda esa ropa que compran, se necesitan muchos litros de agua por prenda, sin contar los otros recursos requeridos.

En cuanto al consumo de agua directamente, eso que vieron de la señora Gaynor es la norma: los gabachos son indolentes con el desperdicio del líquido porque para ellos es una simple mercancía y, al igual que sus otros productos, creen que siempre habrá más, sólo hace falta abrir la llave.

¿Les parece que exagero? ¿Ustedes creen que el país de Las Vegas le va a importar cuidar su consumo de recursos? Menciono a la ciudad del pecado porque su consumo de energía es simplemente brutal y muy superior al de muchos países pequeños alrededor del orbe.

Un país con ese uso inconsciente de recursos en pro del entretenimiento no le va a importar el desperdicio de agua. ¡Ah! Pero que no empiecen los incendios en California porque ahí si se vuelven ecologistas los hijos de la chingada ¬_¬.

Pero venga, que los gringos no están solos en este barco de la perdición porque, aunque nos va a cargar a todos la chingada en el mundo, habemos algunos países que contribuimos más al problema que otros y, entre esos (tristemente) está México.

A cubetazos

Podría hablar de la gente que lava el auto, el zaguán, el patio o incluso el perro con la manguera, ocasionando un desperdicio descomunal del vital líquido. Podría escribir de las fugas, la falta de reparación, mantenimiento y reporte de dichas fallas. Podría abordar el tema de la gente que se lava las manos, los trastes, se rasura o se cepilla los dientes mientras está la llave abierta.

TODOS esos ejemplos (y más) son parte del comportamiento común de mi compatriota promedio ya que, tristemente, el mexicano estándar es naco, inculto, irresponsable, egoísta y gandaya, mismo que no mide las consecuencias de sus actos y cree que el mundo está a su disposición (como buen gringo región 4(T)).

Pero no, sólo me voy a concentrar en un único ejemplo del cual me di cuenta mientras me bañaba.

Después de 10 años de buen servicio, mi hidroneumático empezó a tener problemas. Ya que iba a hacer Home Office, aproveché para hablarle a mi plomero y lo arreglara. Don Norberto se tuvo que llevar el aparato un par de días por lo que me tuve que bañar a cubetazos en dicho periodo.

Así que cada vez me bañé con una cubeta de 10 litros sin ningún problema y es que, aunque tenía muchos años que no me aseaba así, tampoco me era desconocido, ya que en la CDMX, en donde pasé mi infancia, de vez en cuando nos quedábamos sin agua, por lo que debíamos lavarnos a cubetazos para racionar el uso del vital líquido.

De hecho me sorprendía que me pudiera bañar tan bien con tan poca agua aunque, según mis cálculos, en realidad es lo que consumo en cada ducha: 10 litros. ¿Les parecen pocos? Efectivamente es una cantidad baja, ya que normalmente abro la llave durante minuto en lo que quedo todo mojado (pelo largo incluido), la cierro, me echo shampoo, me enjabono, me rasuro y cuando ya estoy listo, vuelvo a abrir la llave otros 60 segundos para quedar perfectamente limpio. Todo ese proceso tarda unos 15 minutos, de los cuales sólo dos está abierta la llave.

Así que mientras me bañaba con una sola cubeta la pregunta me vino a la mente "¿Podría mi exbrujer y/o su hija bañarse a cubetazos?" y es que ése siempre fue un problema en nuestro fallido (y tormentoso) matrimonio.

Cada una de ellas se tomaba entre 30 minutos y una hora, con la llave SIEMPRE a tope, esto incluyendo el abrir la regadera previamente "para que se caliente" en lo que se desperdiciaban litros y litros. Así que, en un sólo día, cada una de ellas gastaban más agua de lo que yo consumía en un mes. Y eso sin contar el gas, porque yo me baño con agua fría desde hace más de 28 años, así que ni falta me hace.

Obviamente no espero que la gente se bañe con agua fría como yo (porque ésa es una decisión personal y ecológica), pero ¿en verdad no se le puede cerrar a la llave mientras te enjabonas y te pones todos los tratamientos que quieras? "Es que nos da frío" decían ellas. Tal vez no las entendía porque como hombre tengo mejor repartida mi temperatura, a diferencia de las mujeres que tienes las extremidades frías.

Pero luego recordé algo que me hizo entender que era cuestión de educación y disciplina. Viví durante 24 años junto a mi familia y NUNCA vi que mi mamá o hermana tuvieran la llave abierta durante el tiempo que se bañaban. Cierto, se tardaban en el baño una eternidad, pero sólo abrían la llave como yo: al principio y al final. O sea que el pretexto de mi exbrujer era inválido, sobre todo porque la casa de mi madre está en un pueblo con clima mucho más frío que Puebla.

Ahora que lo recuerdo, me hace click que como mi familia sufrió esa escasez de agua en la CDMX, es que todos nos volvimos más conscientes con su uso, por lo cual se nos quedó la disciplinada costumbre de cuidar el vital líquido.

Volviendo al tema de mi exbrujer, las discusiones eran eternas, no sólo por el agua, sino por muchos otros temas. Por lo que, cuando finalmente dejaron la casa, fui tan feliz de no tener que atestiguar desperdicio tan brutal, insensato, irresponsable, indolente y sin madre que cada día ejecutaban esas dos criminales ecológicas.

Ahora, sin justificar a esas mujeres, por desgracia ese comportamiento no es exclusivo de ellas, de hecho sospecho que está más generalizado de lo que me hubiera gustado creer.

Cuando voy a nadar a la unidad deportiva me ducho inmediatamente saliendo de la alberca. Mi ritual es el mismo que describí arriba: un minuto de llave abierta, shampoo, enjabonarme, rasurarme, y abrir otros 60 segundos para enjuagarme. Sin embargo, soy el único con dicha rutina, ya que el resto de mis congéneres tienen la llave abierta TODO el tiempo que se están bañando. De hecho muchos están bajo la regadera cuando llego y, después de que termino, siguen con la llave abierta aseándose.

Obviamente la unidad deportiva les pone letreros en que les dicen "favor no abrir la llave más de cinco minutos", advertencia que les vale madre y hacen lo que su chingada madre se les pega (por eso somos un país subdesarrollado).

El (desolador) futuro.

Me gustaría decir que estos son casos aislados y que la mayoría de gente en el mundo es sensata con el consumo de recursos, sobre todo uno tan vital como lo es el agua, pero sabemos que la situación no es así.

Ciertamente habrá países con una consciencia ecológica más profunda y responsable que México y Estados Unidos, como lo podrían ser Japón, Finlandia, Islandia, Suecia, Canadá, Alemania,

Austria y demás culturas desarrolladas (principalmente en Europa y algunas asiáticas). Por desgracia esas naciones desarrolladas son las menos, mientras que las inconscientes e irresponsables son más.

Así que el destino nos va a acabar alcanzando y ya no va a haber suficiente agua potable para mantener el consumo actual. De hecho, ya no es suficiente desde ahora y hay ciudades que lo están resintiendo, como lo es la capital sudafricana en donde los cortes son grandes y la gente ya se ha acostumbrado a reciclar el agua en todas las formas posibles.

Como ya comenté, desde mi niñez ya había escasez de agua en la capital mexicana, y ahora es normal que les corten el vital líquido para irla repartiendo en diversas zonas. Y ésta es una tendencia que no va a parar: el agua va escasear.

Cuando no tengamos las cantidades del vital líquido a las que estamos acostumbrados, toda esa gente que la desperdicia de manera indolente ¿podrá racionarse? En realidad no les va a quedar de otra y tendrán que aprender a bañarse con una sola cubeta de 10 litros (o menos) cuando antes desperdiciaban cientos en una sola ducha.

Así que todos esos argumentos pendejos de que lo hacen por comodidad, por frío, por relajarse o cualquier otra estúpida razón, les van a retumbar en sus cerebros cuando tengan que ver cómo le hacen para quedar limpiecitos con tan poca agua.

     ¿Y saben algo? Me estaré riendo desde el infierno porque lo tendrán bien merecido, aunque acabemos pagando justos por pecadores sus actitudes tan irresponsables y egoístas, no sólo con el planeta sino con el resto de la humanidad.

Once de Abril del 2020

Insectos y arácnidos

Alguna vez leí que sin insectos la vida en el planeta no sería posible, empezando por las abejas y su labor de polinizar las flores.

No me considero propiamente un conocedor ni amante de los insectos, sin embargo, me he dado cuenta que tengo una relación especial con ellos, particularmente con los que habitan en mi casa.

Grillos

O bueno, no siempre que habitan en mi casa, porque hay unos que están en mi hogar pero que deberían estar afuera. Es por ello que siempre que encuentro un bichito en casa procuro sacarlo al "jardín" trasero (y lo entrecomillo porque hay hierbas silvestres que, obviamente, no cuido), esto si es terrestre o, si es volador, le abro todas las ventanas para que siga su existencia feliz afuera.

Como suelo tener la puerta de la cocina y las ventanas abiertas mientras estoy en casa, esto para tenerla ventilada, a veces entran esos animalitos. En especial los grillos cuando es época. Así que, cuando los veo, los saco gentilmente con una hoja o un cartón para que no se asusten.

Pero, de alguna manera, luego se me va alguno y los llego a escuchar en la noche, especialmente en los domos, así que me arrullan con su rechinar. Y es que para mí el canto de los grillos es súper relajante y me hace en extremo feliz, por eso procuro encontrarlos al otro día para que no mueran de hambre o se lo coman las arañas.

Plagas

Obviamente no todos los insectos me da gusto tenerlos en casa, como las moscas, mosquitos o cucarachas, los cuales mato en cuanto los veo. Sólo en una única ocasión le perdoné la vida a una cucaracha que iba tan campante que le dije "¿Y tú qué pedo? ¿Te crees mucho?" pero me gustó su actitud, y es la única cucaracha que he dejado ir viva.

Pero, hasta eso, no tengo muchos problemas con moscas, mosquitos ni cucarachas, ya que es raro que las vea en casa. Por un lado tengo muy pocos víveres (y los pocos que tengo están bien empacados) ya que usualmente como fuera y compro mi comida a diario (durante esta cuarentena) o como en la empresa (antes de la cuarentena), así que tengo pocas cosas que atraigan a las cucarachas.

Sobre las moscas y moquitos, la explicación está en el siguiente apartado, pero antes cerremos con otros insectos que, aunque no odio propiamente, no me gusta que estén dentro de casa.

Las hormigas me caen bien y cuando las veo dentro de casa las saco al jardín, que es donde viven pero, precisamente porque no quiero que se metan, procuro no tener comida o basura a la mano para darles motivos para hacerlo.

Mis mascotas arácnidas

Las únicas criaturas que sí permito que vivan en casa y no las molesto en absoluto, son las arañas. Y es que me caen bien los pequeños arácnidos.

Obviamente no estoy hablando de tarántulas o viudas negras, sino a arañitas pequeñas que cada hogar tiene.

Las dejo en paz porque sé que todas las arañas que están dentro de una casa o nacieron aquí o vinieron de fuera, y adaptaron su existencia a este ambiente, así que si las sacara, sin duda morirían.

De hecho creo que por eso casi no tengo problemas con moscas y mosquitos, porque tengo un buen de arañas, literalmente, una en cada esquina de la casa. Y como veo que tienen presas en sus telarañas, supongo que me ayudan como control de plagas. De hecho no sólo las respeto, sino que en ocasiones las ayudo y hasta me pongo a platicar con ellas (si se cuestionaban sobre mi salud mental, ahí tienen otro argumento).

Hace poco vi en una cubeta en el lavabo una arañita que había caído y se estaba ahogando, así que la saqué y la dejé al sol con la esperanza que estuviera bien. Cinco minutos después ya no estaba, lo cual me dio felicidad porque seguía viva.

A veces me las encuentro en la ropa secándose y las paso a alguna pared para no lastimarlas. Cuando voy a subir las persianas, me fijo que no haya alguna para que no termine aplastada, así que subo tantito la tela para que entienda el mensaje y se mueva.

O, a las que tengo en la ventana del baño, cuando voy a abrir la misma, le digo antes "No te preocupes, no te voy a hacer nada, sólo la voy a abrir un momento" y se queda quieta mientras hago la maniobra. Igual y estoy loco porque seguramente las arañas no me entienden, pero siento que al percibir las vibraciones amables de mi voz, deben sentirse tranquilas.

¿Miedo?

Sé que mucha gente les tiene miedo, incluso alguna vez leí que si todas las arañas del mundo trabajaran en equipo, nos podrían comer a toda la raza humana en cuestión de meses.

Pero algo que he aprendido de la naturaleza es que, mientras la respetes, ella no se va a meter contigo. Sin embargo, gracias a mi esencia humana, hubo una vez que sí tuve que violar esa regla.

En una ocasión se metió una araña algo grande y esa sí me daba "cosita", porque no era de las arañitas que normalmente tengo en casa además que se veía más "salvaje" aunque admito que nunca me hizo nada. Pero mi inquietud seguía así que, con todo el dolor de mi corazón, la tuve que matar.

Lecciones de vida arácnidas

No sólo observo a mis arañitas dentro de la casa, porque también tengo algunas en mi jardín lleno de hierbas. Y una de ellas una vez me dio una lección muy valiosa.

En una ocasión, en época de lluvias, esas arañitas en la parte de atrás hicieron una telaraña muy fregona, pero un día cayó una granizada fuerte, misma que les destruyó el tejido, lo cual me puso triste. Sin embargo, un par de días después había una telaraña aún más hermosa que la destruida.

Ahí me puse a pensar que la Araña, al ver destrozado su hogar, no se puso a quejarse "¿Por qué a mí? Soy tan buena y no es justo que esto me pase". En realidad ella lo tomó como parte del ciclo de la vida. La naturaleza sabe que no es algo personal, que no es algo del destino, más bien la existencia es así, así que no pierden tiempo lamentando su "suerte" y simplemente vuelven a empezar sin dejo de victimez.

Como raza humana nos ufanamos mucho de nuestro desarrollo y consciencia, pero también a muchos les encanta jugarle a la víctima, así que pasamos más tiempo lamentándonos en lugar de resolverlo. Los integrantes de la naturaleza son sabios en su accionar y ponen manos a la obra de inmediato.

En la humanidad, los seres inteligentes, no pierden tiempo lamentándose y ponen manos a la obra. La gente estándar, les toma más tiempo pero, al final, toman acciones para resolver sus problemas. Sólo los tontos se quedan ahí tirados, derrotados y ya no se vuelven a recuperar.

Para cerrar este escrito respecto a mis arañitas, ellas son otras beneficiarias de mi eterna soltería, porque no me imagino una mujer con mis mismos gustos por los insectos (entre otras peculiaridades mías) y si una llegara a entrar, no permitiría que se metiera con estas pequeñas mascotas que tengo en mi casa: mis queridos arácnidos.

26 de Abril del 2021

Locura humana

La otra vez estaba fantaseando sobre lo que haría si me ganara la lotería

La necesidad de gastar

¿Qué haría con, digamos, unos 210 millones de pesos (o 10 millones de dólares)? Obviamente sí haría algunas mejoras en mi existencia (entre ellas dejar de trabajar) pero, en realidad, no veía un cambio radical en mi estilo de vida.

Sin duda invertiría en algunos instrumentos financieros para generar más, pero no para gastármelo todo yo, sino porque tengo en mente algunos proyectos altruistas que me llenarían de más gozo que despilfarrar el dinero en cosas superfluas. Es claro que sí gastaría en algunas situaciones materiales, pero en realidad serían algunos gustos que, probablemente, también podría darme hoy en día, si no tuviera un control tan estricto de gastos.

No me veía comiendo en lugares caros, ya que me desagradan esos sitios al sentirme incómodo, porque no es mi esencia; tampoco me veía comprándome coches de lujo o ropa excesivamente cara. Ciertamente, al irme de viaje, sí me quedaría en hoteles de mejor calidad, pero no de esas cifras astronómicas por lugares súper caros, pero sí en hospedajes buenos a un nivel terrenal. ¿Y por qué no haría nada de eso? Porque no tengo necesidad de ello.

Justo ahí radica el problema de la mayoría del mundo: una persona promedio sí podría fácilmente adaptarse a ese nivel de vida y gastarse todo ese dinero en tiempo record (hay varios casos que se pueden encontrar en Internet). La gran mayoría gastaría a lo loco. Y ése es el gran problema, porque tenemos esa tendencia a gastar más y usar recursos de más que lo que en realidad necesitamos.

Locura por el auto

Esto lo recordé un par de semanas antes de volver a tener auto. Fui tranquilamente por mi garrafón de agua, acarreándolo con mi diablito. Mientras esperaba que el semáforo me cediera el paso, me puse a observar el panorama: Había autos formados en espera de cargar gasolina, con un precio bastante elevado por cierto; también veía la gente manejando con un semblante muy estresado por el tráfico (era la hora de salida de las escuelas), por lo mismo vi algunas maniobras violentas de algunos conductores y demás.

Mientras observaba toda esa locura, iba caminando tranquilo y comprando mi agua con toda calma, no me estresaba porque iba a pie y sabía que mis tiempos se iban a cumplir porque no dependía del tráfico para avanzar, así que mi estrés casi era nulo. Eso fue algo que le agradecía al Home Office en este tiempo.

No niego que ya extrañaba manejar, pero el beneficio a mi calidad de vida también fue grande (y ya no digamos a mi bolsillo), así que pude seguir viviendo así de haber seguido el Home Office.

Pero ahí no acababan mis reflexiones respecto al coche porque, es curioso pero, debido a la crisis mundial de semiconductores, la demanda por autos nuevos es altísima, haciendo que incluso los usados incrementen su valor, porque todo el mundo quería un carro y, al ver toda esa locura en el tráfico uno dice "¿Y les urge pagar para estresarse? ¿Qué acaso estamos locos?" Y tuve que incluirme, porque también anhelaba mi auto.

Me pregunté de manera honesta "¿En verdad todos necesitamos de autos nuevos? ¿No podemos usar el que tenemos unos 20 años? ¿Neta tenemos que estrenar a cada rato?" y lo que digo no es algo raro, ya que hace 30 años ésa era nuestra realidad, porque comprabas un coche para tenerlo, por lo menos, una década pero ahora, gracias a la influencia del capitalismo obsceno, que los gringos han contagiado al resto del mundo, parece que la gente está muy ansiosa por estrenar carro de manera frecuente.

Lo malo es que ese consumo desmedido de autos provoca que sigamos explotando de más al planeta, lo cual no ayuda a nuestra situación actual, pero todos queremos nuestro coche nuevo. Lo cual me lleva a lo siguiente.

¿Salvar al planeta? ¡Ja!

En una de mis corridas matinales veo un anuncio que dice "Vamos a salvar al planeta" y muestran un padre con su hijo sembrando un árbol y sólo pude decir "¡Pobres pendejos!".

El planeta no necesita que lo salven, ha estado aquí mucho antes que nosotros y seguirá aquí durante miles de millones de años después que nos hayamos extinguido (cosa que está muy cerca). De igual forma, la vida en la Tierra se ha extinguido y regenerado una cantidad increíble de veces, así que el planeta no necesita que lo salven, de hecho va a estar bien (y mucho mejor después que nos hayamos muerto).

En realidad los que debemos de salvarnos somos nosotros mismos, pero estamos tan ocupados consumiendo que no nos damos cuenta que nos estamos acabando a nosotros mismos, y simplemente no nos podemos detener, porque nos es más vital consumir que pensar y aplicar un poco de sentido común.

Despilfarro gringo

Por ejemplo, en mi viaje a Nueva York del mes pasado, empecé a hacer un experimento en los lugares donde comía: nunca pedí servilletas, porque usualmente me daban bastantes. Así que las que sobraban las llevaba conmigo. Por ello, siempre que podía, les decía que no me las dieran, así servía que me terminaba las que llevaba.

Nunca me las terminé, porque siempre me daban más sin pedirlas, así que me las llevaba. Aunque ya sabía cuál iba a ser su destino, en un par de ocasiones las intenté devolver para que las reutilizaran y, de manera automática, se iban directamente a la basura ¡Y ni siquiera las había tocado! Porque las dejé en donde las pusieron, pero no les importó y las desechaban.

Y no es algo exclusivo de Nueva York, en TODO Estados Unidos así son las cosas: se genera un exceso de basura increíble, dándote más de lo que necesitas y tirando todo lo que sobre. Por ejemplo, si les intentas devolver sobrecitos de cátsup, mostaza, mayonesa y otros, los tiran sin chistar "al fin que hay más" han de pensar. Y esa es la postura de TODOS, tanto vendedores como consumidores, que tiran cosas en perfecto estado sin dejo alguno de culpa, porque ya es su forma de vivir.

Y es que los gringos desperdician entre el 30 y 40% de toda la comida que tienen. También generan el 17% de la basura a nivel mundial y consumen el 24% de la energía del mundo, cuando sólo son el 4.5% de la población. "¡Pinches gringos!" podrán pensar, pero en México tampoco tenemos mucho que presumir.

Despilfarro de agua

En otra de mis corridas matinales, pasé por una parte en donde había una fuga constante de agua, así que me fijé en la calle y, llegando a la casa, hablé a la compañía de Agua para reportarlo. Esto lo hice durante toda una semana y la fuga seguía hasta que, finalmente, la repararon. Sin embargo, algo que se pudo resolver en un día (que ya de por sí es una cantidad monstruosa de agua), se prolongó por una semana hasta que, su flojera cedió y la fueron a reparar.

Lo malo es que esta gente, aunque trabaja en la empresa administradora del agua, ignora que se estima que para el año 2040 se va a acabar el vital líquido, lo cual va a significar un conflicto social muy grande, incluso desatando guerras por el agua. Pero, en el año 2021 nos vale madre que se desperdicie, durante siete días, cuando hay colonias en que sólo les cae una vez a la semana (durante un par de horas), y otras que ni eso y deben comprar sus pipas de manera periódica.

Sólo deseo que estos hijos de la chingada estén vivos para cuando la crisis por agua potable pase (la llamada Hora Cero) y vean las consecuencias de sus pendejadas. Por lo mientras seguiré ahorrando toda el agua que pueda, aunque sé que va a ser un esfuerzo inútil y tambⅠén voy a padecer la escasez del vital líquido (si es que llego al 2040, obvio) pero, por lo menos, moriré en paz por haberlo intentado

Pero no toda la locura humana se demuestra en nuestro manejo de recursos del planeta, sino que también atenta contra nuestro propio bienestar.

Falta de sueño

La otra vez, al irme a dormir, escuchaba todavía ruido en la casa de los vecinos, y no sólo de los papás, incluso de los niños y ahí me pregunté "¿Qué hace esta gente tan activa tan noche?"

Algo muy valioso que tengo son mis horas de descanso, por lo cual trato de dormirme temprano porque suelo levantarme de madrugada. De hecho, es fácil encontrar las ventajas de dormir suficientes horas en Internet, lo cual ayuda a que el proceso de manteamiento de tu cuerpo se haga de manera óptima y te levantes recuperado.

Alguna vez leí que, antes de que se inventara la luz eléctrica, los humanos dormíamos una media de diez horas diarias, lo cual es algo impensable hoy en día. De hecho, estoy seguro que con las invenciones de la Televisión y, peor aún, del Internet, esas horas de sueño aún se redujeron más.

A tal grado que es raro encontrarme con una persona que duerma más de seis horas al día, así que les sorprende que debo dormir 8, aunque con siete tengo suficiente y seis es mi mínimo indispensable, aunque no podría soportar más de dos días durmiendo tan poco cuando, para ellos, seis es su número máximo.

Y ahí te das cuenta que esa falta de sueño debe pasar factura a nuestro bienestar y relación con el ambiente. Primero porque no nos recuperamos totalmente, no estamos del mejor humor y, sin quererlo, al no tener ese bienestar de descansar lo suficiente, es difícil tener una alta calidad de vida, lo cual contribuye a que comamos más, compremos más y agredamos más, lo cual no acaba ayudando a este mundo.

Sin embargo, en este mundo moderno, tenemos tantas cosas que hacer (la gran mayoría de ellas intrascendentes) que el dormir, que sí es vital, lo dejamos de lado, y eso nos va matando lentamente.

Pero bueno, he entendido que el que por su gusto muere, hasta la muerte le sabe, así que no me puedo andar preocupando por el bienestar ajeno cuando sólo tengo recursos para cuidar el propio. Así que espero que esas personas algún día razonen y se den cuenta de todo el mal que se hacen a sí mismos e, indirectamente, al mundo.

Mi caso

No voy a despedirme sin confesar mis pecados, porque tampoco soy perfecto y también tengo mis delitos de egoísmo e inconsciencia, mismos que contribuyen al daño de nuestro ambiente y posterior extinción. Así que voy a ser honesto porque tampoco pretendo dar una imagen inmaculada respecto a los temas aquí expresados.

De entrada, admito que soy muy feliz de volver a tener auto y acepto que, aunque es más caro y menos ecológico, también es más cómodo y me da independencia. Así que aquí le di más importancia a mi comodidad, aunque eso signifique más recursos a utilizar, a pesar que trato que mi manejo sea muy responsable y ecológico.

Otra acción de mi parte que es muy egoísta, y que le está dando en la madre al mundo, es el volar. Leí un artículo de un movimiento de no viajar en avión, ya que las emisiones de los aeroplanos son mucho más contaminantes que la de los propios autos, así que esas personas han jurado no volver a subir a un avión y sólo ir a lugares que puedan llegar por tierra o mar.

Cuando leí eso, ni siquiera tuve tiempo de formularme la pregunta (¿Dejaría de volar?) cuando el "¡Ni madres!" vino de inmediato. Y es que amo viajar, amo conocer lugares nuevos y lejanos que, seguramente, muchos de ellos van a acabar desapareciendo gracias a nuestra dinámica contaminadora

Y ahí el cínico de mí preguntó "¿Acaso se van a salvar esos sitios si dejaras de volar?" Y la respuesta es "Seguramente no, porque el resto de la gente no lo va a dejar de hacer, así que sólo tú te vas a quedar sin conocer dichos sitios". Y estas respuestas reflejan la postura del resto de la humanidad "Ya que nos va a cargar la verga, por lo menos aprovecho antes de morirme y no sacrificarme a lo menso"

Admiro a esas personas que ya no vuelan y también me da pena con ellas porque su esfuerzo va a caer en saco roto, sin importar las esperanzas que tengan de salvar al mundo porque, por desgracia, la mayoría de la humanidad es egoísta y no va a posponer su placer por el bien general.

Finalmente, uno de mis más grandes placeres. Resulta que comer carne roja es de los más grandes contaminantes del mundo, y no tanto por la carne sino por el ganado, el cual requiere mucho pastizal para ser criado, lo cual cuesta hectáreas de bosque y mucha agua para alimentarlos, además de todo el líquido requerido para el tratamiento de dicha carne.

Aunque el estilo de vida vegano ayuda mucho al planeta al contaminar menos, sin contar que reduce el maltrato animal, ¿creen que alguien que está acostumbrado a comer carne toda la semana va a dejar de hacerlo? Obviamente no, porque comer carne es parte de mis grandes placeres y pretendo hacerlo hasta el día de mi muerte o hasta que sea humana y legalmente posible.

Sé que no soy el único, ya que gran parte de la humanidad, con mayoría carnívora, estamos conscientes de los beneficios que trae al mundo, y a nuestra salud, el dejar de comer carne pero, al mismo tiempo, no estamos dispuestos a renunciar ese placer por un potencial beneficio futuro del planeta y, por consiguiente, de nuestra propia raza.

Y eso me sirve para cerrar este escrito, porque ésa es justamente la locura humana: que siempre privilegiamos el gozo individual actual en lugar del bienestar común futuro. Tal vez como sabemos que eventualmente nos va a cargar el payaso, ya mejor nos seguimos en esta dinámica autodestructiva en lugar de intentar revertir una tendencia que, personalmente, ya no creo que tenga remedio.

O, tal vez, los que no tengamos remedio seamos nosotros mismos pero, por fortuna, recibiremos lo que merecemos, lo malo es que nos llevamos entre las patas a esa pequeña minoría que sí está intentando hacer algo para salvarnos.

24 de Diciembre del 2021

Mi araña

A veces pienso que vivir tanto tiempo solo y, "peor" aún, pasar tanto tiempo a solas, debe de afectar de una u otra manera mi psique.

Personalmente creo que me hace bien, porque tengo más tiempo para pensar, reflexionar y meditar, a mi manera, obviamente, esto sin el escándalo de otras personas. No sé, como que primero voy puliendo mis ideas y, cuando creo que están listas, puedo compartirlas con el mundo.

Pero no todo lo que pienso, o concluyo, lo comparto con el mundo, y en este escrito agradezco el haber cerrado el blog, no porque lo que voy a escribir esté TAN loco, aunque no es propiamente normal, pero sí me da una libertad excepcional de escribirlo como quiero aunque, en realidad, siempre he procurado que ésa sea la esencia de mis textos, aunque no siempre lo he logrado.

Bueno, yendo al punto, como ya comenté en otro escrito, me gustan las arañas en mi casa, al grado que las considero mis mascotas. No les doy de comer ni nada por el estilo, sólo las dejo ser y procuro no molestarlas y, muy de vez en cuando, les llego a decir una que otra frase como "Hazte para allá" o "Ahí te voy" todo en afán de no perjudicarlas.

Obviamente, como comenté en ese otro escrito, no es como que me vaya a comprar una tarántula o algo así, pero me gusta tener arañas caseras, porque se comen a mosquitos y moscas.

Ayer en la noche, en el baño de mi recamara, vi a una de las grandes, como tipo patona, pero con un cuerpo más afilado. Estaba parada muy orgullosa en la pared, lo cual no me molestó, y hasta la saludé "Hola" le dije, mientras hacía mis necesidades antes de irme a dormir.

Hoy en la madrugada salí a correr, regresé, desayuné y me fui a bañar. Vi que mi amiguita de la noche anterior estaba como apachurrada, lo cual me extrañó. Durante el día, porque estoy en mi última semana de Home Office, cada vez que iba al cuarto pasaba a verla y me preocupaba "¿Estás muerta?" le pregunté, porque estaba inmóvil.

No me iba a poner a llorar por una araña, pero me preocupé un poco porque la vi muy gallarda la noche anterior, así que no me parecía lógico que se muriera al día siguiente aunque, siendo honestos, no sé cuánto tiempo viven las arañas caseras.

Tampoco la iba a tocar porque una cosa es que me gusten, pero las sigo respetando y no quiero que alguna me muerda, así que tenemos un acuerdo tácito de sana distancia: yo respeto su espacio y ellas respetan el mío.

En fin, ya cuando me estaba lavando los dientes después de cenar, la volví a ver y vi que movió un poco sus patas y, le dije con alivio "¡Mensa! ¡Me asustaste! ¡Pensé que te habías muerto!" y le tomé una foto para escribir esto.

Y ésa es la maravilla que el blog esté cerrado, porque puedo sacar toda mi locura, a través de esta pequeña alegría, porque mi araña no está muerta. No

dudo que vaya a morir pronto, como cientos de arañas
que seguramente han pasado a mejor vida en mi casa,
pero me da gusto que pueda vivir un poquito más, en
este semisantuario arácnido en que se ha convertido
mi hogar.

Creo que eso podría ser un impedimento para
que un día vuelva a vivir con alguien, porque tendría
que respetar a mis arañas y, aunque no dudo que
exista una mujer así, creo también que tendría una
personalidad más loca que la mía. Y es que,
ciertamente me gustan las arañas, pero no las idolatro,
solamente respeto su existencia, como, aunque suene
medio hippie, mis hermanas de planeta.

En fin, ése era todo el escrito.

28 de Febrero del 2022

El agua se agota, ¡y nos lo merecemos!

Aunque las noticas de escasez de agua han estado presentes desde hace tiempo, este año han sido más constantes y preocupantes: sequía extrema al norte de México y al sur de Estados Unidos, ríos principales que se secan en Chile, Alemania o Italia, lagos que se secan en América, Europa y África, sembradíos que se pierden por el atraso o ausencia de lluvias y demás. No hay día que no encuentres notas sobre los efectos de la falta del vital líquido alrededor del mundo.

Y esto no es cosa de las zonas secas, de hecho me hice consciente que en Puebla ha sido el año en que menos lluvias me ha tocado constatar. Y es que, durante primavera y verano, antes llovía cuatro o cinco días por semana, y de manera generosa; sin embargo, este año, está lloviendo una vez a la semana y de forma muy escasa, así que es cuestión de tiempo para que se agrave la escasez a niveles del norte del país.

Lo triste de todo es que esto tiene años siendo anunciado y a gran parte de la población le valió pito tomar acciones para evitarlo, es más, a pesar de las preocupantes noticias alrededor, hay gente que sigue sin ser consciente de la situación, y mantiene su consumo indiscriminado e inconsciente del vital líquido.

La inconsciencia

Una gran parte de los problemas del mundo, en donde tienen una gran influencia con su ejemplo nocivo, son los gringos. Sin ir más lejos, en el oeste (en estados como California, Arizona o Nevada) prefieren gastar grandes cantidades de agua, para mantener áreas verdes artificiales (campos de golf, lagos, fuentes, jardines) en ciudades con clima desértico, esto para que sea vean bonitas sus calles y casas.

Y es que, mientras se acaban el agua del río Colorado, la restringen tanto que no llega a México y mucha gente sufre de la sequía en Baja California. Ah, pero como ellos son gringos y, en consecuencia, más valiosos que nosotros, pues consideran más importante su entretenimiento y bienestar que la vida humana de la gente al sur de la frontera.

Aunque los gringos son los principales consumidores de recursos per cápita a nivel mundial, el resto del planeta no estamos exentos de responsabilidad. Y es que antes no había necesidad de una cultura ecológica, esto por los recursos eran bastante abundantes, sin contar que la población era menos y el clima era estable, así que la gente en realidad no se preocupaba por racionarla, por eso la desperdiciaban con singular alegría (y lo siguen haciendo).

El despilfarro

La gente no quiere perder sus comodidades, así sea llenar su tina con más de 200 litros para echarse un solo baño de burbujas, cuando esa cantidad de agua puede ser el consumo de toda una familia durante una semana en zonas pobres.

Ahí recuerdo las duchas de media hora de mi exbrujer, con la llave TODO el tiempo abierta, que era un desperdicio brutal de agua y gas, sin contar que su hija seguía el mismo ritual de despilfarro. Básicamente una de ellas se echaba en una ducha lo que yo uso en las duchas de un mes. Pero se ofendían cuando les reclamaba el uso tan irresponsable y desmedido del agua "Porque era un tacaño y amargado", me decían. Pero estoy seguro que se acordarán de mí cuando les toque bañarse con una sola cubeta dentro de poco tiempo.

Y es que, mientras la gente tenga, le va a valer madres, o sea que sólo se van a hacer conscientes del problema hasta que los alcance y ya no haya mucho por hacer. Por ejemplo, mis vecinos se fueron de casa hace más de un mes (no sé si de vacaciones o se mudaron), pero los malditos dejaron conectada la bomba hidroneumática, lo cual no sería tan grave si no tuvieran una fuga en su casa.

Así que se estuvo activando la bomba varias veces por día, lo cual era un gasto inútil de agua y electricidad pero, como lo que pagamos es poco, pues no les importa el desperdicio que se pueda generar. Así como no les importó que no hay agua en otras zonas, ya dejen del país, sino del propio municipio, en donde les hace falta, pero como a ellos les sobra, pues les valió pito. Es por ello que les desconecté la bomba para evitar más despilfarro.

Agua según la zona

Es increíble cómo la realidad del agua es tan distinta en el municipio en donde vivo. Una chica que vive a cinco kilómetros de mí, en su colonia les cae el líquido una vez a la semana y por unas cuantas horas, lo cual es insuficiente y luego tienen que comprar pipas para poder sobrevivir. Pero es que su zona, sin tener que ser pobre, digamos que es popular, no precisamente rica.

Por otro lado, recalco que en el mismo municipio, yo vivo en una zona bonita, junto a un colegio privado con mucho peso político, y aquí nos cae agua diario y gran parte del día, de hecho todas nuestras cisternas está llenas. De tanto que nos llega el agua, me pongo a pensar "¿En serio no pueden distribuir mejor las horas y zonas de tan vital liquido?" Tal vez, tres días completos a colonias más humildes y a nosotros los otros cuatro, de todas formas no se van a vaciar nuestras cisternas.

Y es chistoso, la chica a la que hago referencia trabaja en mi misma compañía, pagamos los mismos impuestos y, en la empresa, tenemos la misma importancia, pero afuera, nuestras realidad son diferentes, simplemente por el hecho de que vivimos en zonas diferentes DEL MISMO MUNICIPIO.

Es totalmente injusto que tu acceso al agua se determine por el lugar en el cual vives. En Monterrey mismo, que ha estado en las noticias por la tremenda escasez de agua, las zonas ricas sí tienen el vital líquido, porque se les da prioridad, mientras que los más pobres son los que la sufren la escasez. Pero no sólo es en Monterrey o en Puebla, en Kabul, drenan el agua de los mantos acuíferos de las zonas pobres para llevárselos a los ricos, mientras que los de más baja clase social, no tienen agua.

Estaba leyendo que, tanto en Estados Unidos como México, con tanta escasez de agua, llama la atención que los campos de Golf mantienen su suministro normal del líquido, porque los ricos necesitan entretenerse, esto a pesar de que mucha gente no tiene agua para sus necesidades más básicas pero, como son pobres, ellos no son tan importantes como los ricos que juegan golf, esto sin importar que el pasatiempo de unos, no sea tan vital como la vida de otros o, por lo menos, eso dictaría la teoría y el sentido común.

La falta de sentido común

Y estos recortes a diferentes zonas de distintas ciudades apenas empiezan, porque van a ser la norma mientras nos aproximamos a la hora cero, momento en el cual el agua potable va a ser inaccesible.

Pero la gente es pendeja, porque se siguen reproduciendo y desperdiciando recursos, como si no fuera a pasar nada, a pesar de ver el destino que se nos viene, siguen contribuyendo al problema en lugar de a la solución.

La estupidez humana nos impide entender que la población sigue creciendo pero no los yacimientos de agua, no entienden que el alto nivel de consumo conlleva un alto gasto de recursos naturales. La gente sólo quiere comprar, satisfacer sus necesidades materiales inmediatas sin ver las vitales del futuro. Aunque ya estemos viendo las consecuencias en el planeta, nadie se va a detener, vamos a seguir hasta que nos lleve la chingada, y todos los sabemos, pero nadie quiere sacrificar sus gustitos.

El negro (e inevitable) futuro

El destino se ve negro. Por ejemplo, los valores futuros del agua ya están cotizando en las bolsas de valores, porque el precio, ante su escasez, se va a disparar eventualmente. Lo cual sólo asegura que el agua continúe en manos de los más ricos y los pobres se queden sin nada.

¿Y qué va pasar con esa gente que no va a tener agua para trabajar o sobrevivir? Pues se va a ver obligada a emigrar, hacia sitios más prósperos y con agua en donde puedan darle una mejor vida a su familia y ellos mismos pero ¿saben algo? Las fronteras se van a cerrar, no sólo a la migración, potencialmente al turismo, porque las naciones vas a querer mantener los recursos para sus ciudadanos y no desperdiciarlos en extranjeros.

Pero la cosa no acaba ahí, también se van a represar muchos ríos, esto para resguardar el agua, lo cual va a aniquilar a las poblaciones que viven al lado de ellos, con eso se van a afectar (aún más) muchos ecosistemas, todo por destinar el líquido a las grandes poblaciones (especialmente a las zonas privilegiadas) y actividad industrial (especialmente las grandes empresas).

Esa acumulación de agua va a evitar que llegue a países vecinos, como el Río Colorado que apresan en Estados Unidos y ya no llega a México, y esto va a traer conflictos que, sin duda, pueden ocasionar guerras por el agua.

Me gustaría decir que este futuro apocalíptico respecto al agua va a ser lejano pero, por desgracia (y bien merecido) va pasar más pronto de lo que creemos. Recuerdo que de niño (en los 80s), alguna vez leí de alguien que proyectaba una crisis del agua allá por el año 2100. Hace unos 15 años leía que se nos iba a acabar el agua por el año 2050. Hace un lustro leí que la crisis del agua potable se estaba proyectando para el año 2040.

Viendo estas cifras, y la tendencia humana a seguir consumiendo y reproduciéndose como si no hubiese un mañana, nos va a llegar muy pronto al día en que ya no tengamos agua potable ni, potencialmente, algún futuro para la "civilización".

Para mí el futuro ya está fijado y, con la actitud humana actual, no hay forma de cambiarlo. A pesar de ello, sigo ahorrando agua como si me hiciera falta, cuidándola como el precioso recurso que es. ¿Acaso pienso cambiar con esto nuestro destino? ¡Para nada! Sé que mi esfuerzo es nimio y casi inútil pero sé que, cuando llegué el día es que ya no tengamos agua potable (y al ritmo que vamos, sé que me va a tocar ver ese día), por lo menos podré morir en paz con la tranquilidad en el alma de haber hecho lo que estuvo en mis manos.

15 de Agosto del 2022

Nos merecemos la falta de agua

Lo admito, estoy traumado con el problema del agua y, lo más curioso, es que siento que soy el único en mi entorno, ¿por qué? Porque en donde vivo no hay un problema de escasez tan marcado, aunque ya se están presentando los primeros indicios de que el problema ya viene, ¿y saben qué? ¡Me alegro! No por el problema, que ese iba a llegar de todas formas, sino que ya esté alcanzando a gente indolente.

Pero ya abordaré ese tema más adelante, primero vamos a un tema fácil de atacar, uno muy visible y sobre el cual es sencillo encauzar la ira y darle toda la responsabilidad: las empresas.

La Coca Cola

Odio la Coca Cola, porque es una bebida que te envenena y que, por desgracia, ha de ser la más popular del mundo o, si ya perdió el trono, ha de mantenerse entre las más consumidas.

Pero el problema no es sólo dicho consorcio gabacho, porque no ha prosperado de manera independiente, ya que fue necesario que cientos (o miles) de millones de consumidores, se aficionaran a ella para hacerla crecer hasta el monstruo que es hoy en día.

Y (casi) nadie se quejó de la Coca Cola hasta que empezaron los problemas de salud, pero aun así era un porcentaje de reclamos muy bajo. Después vinieron los reclamos por el agua, misma que quitaban a las comunidades en donde se instalaban sus empresas, aunque nadie se quejó cuando llegaron y dieron trabajos o activaron la economía local.

Pero la gente se dio cuenta que el agua es incluso más importante que el dinero para vivir, y ahora sí quieren que se vayan esas embotelladoras. El problema es que no se van a ir, ¿la razón? Porque ellas significan ingresos y un motor para la economía; además a las comunidades a las que afectan, normalmente, son pequeñas y no tan relevantes para los gobiernos, como sí lo son las grandes empresas, que representan un beneficio mucho mayor para los intere$e$ de dicho lugar aunque, en teoría, se deberían preocupar por sus gobernados a los cuales representan.

Sin embargo, esa queja sólo se queda en las comunidades afectadas porque las fábricas de Coca Cola siguen laborando y, si se puede, incrementando el volumen diario de producción, ¿la razón? Porque las siguen consumiendo. Y es que es muy fácil decir "Es que las corporaciones grandes se roban el agua de las comunidades y se aprovechan de ellas" pero, pareciera, no es tan fácil dejar de consumir sus productos.

Y no es como que no haya opciones, y no hablo del agua simple (que no es mi favorita, aunque la tomo), me refiero a agua de frutas o incluso de polvos saborizantes (tang, zuko, kool aid, etc.), que tampoco serán tan sanos, pero por lo menos sus empresas no están robando el agua a comunidades que las necesitan para vivir.

Pero no, la gente sigue consumiendo productos de Coca Cola (y de otras refresqueras y cerveceras) ya que, como no viven en esas pequeñas comunidades, pues no les afecta que no tengan agua, mientras ellos disfrutan de su bebida. Pero, por lo menos, nos queda el consuelo que esas personas se están ganando a pulso los problemas de salud que les está generando dicho veneno líquido.

Intel

Pasemos a otro ejemplo, en Arizona, la fábrica de Intel de Microchips utiliza una cantidad increíble de agua, ¡en pleno desierto! ¡Una autentica estupidez! ¿Y a quién chingados se le ocurrió poner una instalación que requiere gigantescas cantidades de agua en un lugar donde escasea? A los políticos, mismos que dan subsidios al agua (materia prima esencial para la industria), para atraer inversiones, haciéndola incluso más barata que en otros estados, de la misma nación, en donde es más cara y abundante.

Y ahí uno dice "¿Neta están tan pendejos?" que es una pregunta retórica, porque la respuesta es obvia. Atraer inversiones con un elemento escaso y que, eventualmente, va a afectar a las poblaciones del lugar ¿Todo por negocio? ¿Por generar un poco más de dinero? ¿De qué va a servir esa riqueza monetaria cuando las ciudades se queden sin agua y la gente tenga que emigrar? Porque Intel podrá cerrar sus instalaciones y abrirlas en otro lado, mientras que ya generó muchas ganancias, pero ¿y la gente de los alrededores? Ellos no tienen los mismos recursos ni facilidad para irse a otro lado de manera tan fácil.

Pero, de nuevo, esto no es culpa sólo de Intel, sino de gran parte del mundo que, cada que sale uno nuevo modelo, quieren cambiar de celular, autos, pantalla, tableta, Lap top, consola, electrodomésticos y demás elementos que llevan dichos semiconductores. Nos quejamos de la falta de agua pero no bajamos nuestro ritmo de consumo, no queremos perder nuestro "status", o quedarnos con equipos viejos "No vaya a ser que seamos inferiores".

Y conste que no digo que desechemos todos los productos, pero ¿neta es necesario cambiarlos cada año? Yo tengo mi lap desde hace más de una década, al igual que mi pantalla plana, y mis celulares los aguanto, por lo menos, tres años antes de cambiarlos, y eso porque las actualizaciones de software que me obligan, de lo contrario aguantaría aún más.

A pesar de tener equipos "viejos", no me siento relegado ni incomunicado, ni tampoco es como que no pueda vivir. ¿Pero saben con que no podríamos vivir efectivamente? ¡Exacto! Sin agua será imposible. Así que quiero ver que vivan con 10 Iphones en lugar de agua.

Sembradíos en el desierto

Ah, pero ésa no fue la única pendejada que hicieron los gobernantes de dicha región. En la misma zona desértica, al oeste de Estados Unidos, hay una gran superficie árida en donde "mágicamente" hay una gigantesca área verde en donde hay sembradíos, mismos que consumen una GRAN cantidad de agua del Río Colorado, y más considerando que están en pleno desierto.

Y uno dirá "Pues son sembradíos, por lo menos generan alimentos sanos", en teoría sí, pero hay dos cosas que tumban esa afirmación. La primera es que podrían estar en un lugar en donde las condiciones ambientales sean mejores para los sembradíos, en lugar de hacerlo en un desierto, en donde el consumo de agua es MUCHO mayor, así que es menos eficiente.

El segundo punto es que esos sembradíos son de alfalfa, que se usa para alimentar animales ¡EN CHINA!, o sea que están vaciando el Río Colorado en un sembradío para alimentar el ganado en otro continente, Así que, en realidad, no están beneficiando a su comunidad, ni siquiera a su país.

Al contrario, están jodiendo a las poblaciones que dependen de dicho río, tanto en Estados Unidos como en México, para mantener su negocio. Pero esa concesión se las dio el gobierno estatal en California hace muchos años, y ahora defienden su "derecho" a sembrar, esto a pesar que la gente en las poblaciones aledañas no tiene agua para vivir. Y ahí uno se pregunta "¿Neta imbécil? ¿Tu derecho a hacer negocio con los chinos es más valioso que el de la gente que necesita el vital líquido para vivir?"

Pero, ¿saben que es más poderoso que el sentido común? Nuestra voracidad por la carne, y no lo digo sólo por los chinos, que a pesar de todo el follaje que importan, también tienen que hacerlo con carne del exterior. Este es un problema de todos los que amamos la carne roja porque, me incluyo, somos culpables, ya que la crianza de ganado es uno de los principales consumidores de agua pero, simplemente, nadie quiere renunciar a corte de carne y comer en su lugar verduras, "¡Prefiero morir!" decimos muchos y, más pronto que tarde, ese deseo se nos va a conceder.

Alcanzando zonas ricas

Pero ya vimos a las grandes empresas que, de no tener demanda sus productos, no serían gran problema, así que es fácil señalarlas, porque tienen buena parte de responsabilidad, pero tampoco son las culpables exclusivas. Ahora vamos a nivel de suelo.

En el escrito pasado sobre el agua, comentaba que en mi fraccionamiento caía a diario. Desde hace unos días, y no me di cuenta porque en realidad consumo muy poca, dejo de caer con la misma frecuencia. ¿Cómo lo sé? Porque mis vecinos me empezaron a preguntar si tenía agua, a lo que contestaba afirmativamente sin chistar.

Mis vecinos me caen bien y, aunque no me preocupo de sus problemas (porque tienen solución a corto plazo), a un nivel me alegró que también empezaran a limitar el suministro del agua en estas zonas, ya que no es justo que únicamente a las más pobres las restringieran. Tal vez les provoque un poquito más de consciencia y no la desperdicien tanto.

Así que, cada cual, tuvo que comprar una pipa de 5000 litros (que es lo que le entra a nuestras cisternas) por míseros 400 pesos (20 USD), que se me hizo un precio irrisorio "¿Neta 5000 litros de agua sólo valen 400 pesos? ¡Es un regalo!".

Y digo eso porque en Chalco (en el valle de México), una pipa similar se las cobran cuatro veces más (1600 pesos u 80 USD) o en Monterrey, que estuvieron bajo una sequía intensa, hasta se roban dichas pipas por la alta demanda y necesidad de las

personas. Así que 400 pesos por una pipa me parecía
un precio indignamente bajo.

178 litros diarios por persona

Cuando le comenté esto a un amigo, me dijo
que se le hacía caro, "¿Por qué?" pregunté con
incredulidad y su respuesta me pasmó "Porque es lo
que consumimos en la casa A LA SEMANA. Yo me
quedé sin palabras, o sea que una familia de cuatro
personas (Papá, mamá y dos hijas adolescentes) se
consumen 260000 litros al año, lo que es lo mismo
que 712 litros diarios, o sea que cada uno de ellos
consume 178 litros por día en promedio.

Cabe aclarar que sólo estoy hablando del agua
corriente de la casa, ésa no la usamos para beber,
porque no es potable, así que hay que comprar agua
purificada aparte, lo cual hace que la cifra sea aún
más escandalosa.

Eso es una brutalidad y es que hizo cuentas y,
al año, por los 260000 litros que consumen, sólo paga
2600 pesos, o sea que sólo paga un miserable peso por
cada 100 litros que consumen, por eso no le duele
dilapidarla: porque hay (o había) en exceso y porque
la paga insultantemente barata.

Y ése ha sido el problema con el agua, como
ha sido tan barata desde siempre, la gente se
acostumbró a desperdiciarla, y ahora que se quiere
cobrar lo que en realidad vale (y todavía lo que falta
que suba mucho más), ahora los usuarios se quejan,
en lugar de empezar a racionar su uso.

Derechos, capitalismo e ignorancia

Y es que dicen que el agua es un derecho humano, "¿según quién?" me pregunto porque, según el capitalismo, el agua va a ser de quien la pueda pagar, ya sea empresas o gente con recursos, ya que al sistema económico en que vivimos, los únicos derechos que importan son de aquellos que los pueden pagar, y esa es la moral del capitalismo: Tanto tienes, tanto vales. Nada tienes, nada vales.

Pero la gente piensa que tiene derecho a seguir dilapidándola, como se hizo por generaciones en sus respectivas familias, sin entender que la población ha crecido de manera obscena en los últimos 50 años, así como la industrialización, y el consumismo. Así que ellos han de creer que el agua también se "reproduce" al mismo ritmo, sin saber que la cantidad que tenemos en el mundo es la misma, sólo que ya somos demasiados, con necesidades (cada vez más) voraces, así que ya no alcanza el vital líquido, pero eso la gente no lo entiende, ni lo quiere entender.

Por ejemplo, he estado viendo unos documentales de la Deutsche Welle, muy interesantes e ilustrativos, sobre el problema del agua pero, cuando los comparto a mis contactos, sólo recibo respuestas tipo: "Mejor no lo veo, ya sé que nos va a cargar el payaso, así que no me quiero preocupar" u otros que dicen "Ay no, qué feo, esos documentales me deprimen, mejor no los veo" o de plano el huevón que dice "¿40 minutos? No gracias, tengo cosas más importantes que hacer".

Y está bien, nadie tiene que tener el mismo interés que yo en el tema, pero TODOS vamos a sufrir las consecuencias de la situación y, lo más triste, la gente simplemente prefiere cerrar los ojos que informarse e intentar revertir la situación.

Nadie quiere racionar . . . . pero lo van a hacer

Y digo intentar porque, siendo honestos, no lo van a hacer. La gente no está dispuesta a racionar su consumo de agua, porque eso los incomodaría y, si algo nos ha enseñado el capitalismo, es que está mal estar incómodo, y que debes consentirte, sin importar lo que eso cueste (o a quien te lleves entre las patas).

Voy a ponerme como ejemplo. En referencia a la familia de mi amigo (que consume anualmente 260000 litros), yo sólo necesito 6000 litros al año, o sea que diariamente consumo en promedio casi 16 litros, o sea ni el 9% de lo que consume una sola persona de su familia. En otras palabras: una familia de cuatro Heberts, consumiría 24000 litros al año contra los 260000 de la familia de mi amigo.

¿Cómo le hago yo? Tomando diversas acciones para ahorrar agua:

A) Cuando me baño, que lo hago diario, abro la llave menos de un minuto (no tengo boiler, así que lo hago con agua fría). La cierro, me enjabono, tallo y rasuro. Una vez listo, la vuelvo a abrir poco más de un minuto y ya quedé listo, aun teniendo el pelo largo. Sí, sé que no todos pueden hacer esto, porque no todos se bañan con agua fría, y lo entiendo. Pero creo que cinco minutos totales es algo alcanzable, y no estarse media hora con la llave abierta a todo lo que da.

B) Ah, también cuando me baño, pongo una cubeta debajo de la regadera, para recuperar toda el agua posible.

C) Como vivo solo, sólo le bajo al WC cuando defeco, no cuando orino, porque no tiene caso desperdiciar agua por un poco de orín.

D) El agua que sale del centrifugado cuando lavo, la almaceno y también la uso para el WC o, si sobra, incluso para la siguiente carga de lavado, al fin que es ropa sucia. De hecho, sólo lavo dos veces al mes, una de ropa blanca y blancos, y otra de prendas oscuras, no más.

E) Cuando lavo trastes, lo hago sobre una cubeta, así que el agua la reciclo en el mismo proceso de lavado y, después de terminado, para el WC.

F) Pongo cubeta en la parte abierta de mi casa para recolectar agua de lluvia y utilizarla para lavar platos o la ropa.

G) Las pocas veces que trapeo, uso el agua sucia resultante para el WC.

H) No tengo que mencionar que, al lavar los trastos o lavarme los dientes, siempre cierro la llave, y la vuelvo a abrir para enjuagar.

Pero la gente va a decir "¿Qué? Bañarme con tan poquita agua ¡No ni madres!" o también dirán "¡Guácala! Usar el agua del centrifugado para volver a lavar, eso es sucio" o "¡Fuchi! Va a oler a orines el baño si no le bajo" y demás pretextos pero, ¿saben algo? Todo eso (y mucho más) nos vamos a ver obligados a hacer dentro de pocos años, cuando el agua sea tan racionada (y cara) que mantener el ritmo actual de consumo sólo se lo darán la gente con MUCHO dinero.

Es más, esos 16 litros diarios promedio que consumo hoy en día se me hacen demasiado, porque dudo que vayamos a tener tanto líquido disponible por persona.

La inconsciencia

A pesar de que el negro destino respecto al agua (irónicamente) se ve claramente, me sorprende que la gente se sigue reproduciendo, que continúan sus niveles voraces de consumo como si no hubiera un mañana y que siguen desperdiciando agua como si fuera infinita.

Esa estupidez o inconsciencia humana es la que nos está llevando, merecidamente, al hoyo y, al parecer, todos parecen entenderlo, pero la realidad dicta que no les importa, y quieren mantener su desperdicio de recursos como si no hubiera consecuencias.

Pero va a llegar el día, y más pronto de lo que creemos, en que el agua va a estar muy escasa y va a tener su valor real, y ahí quiero ver que la gente se bañe, lave, cocine o se hidrate con Coca Cola, cervezas, carne, celulares, Xbox o semiconductores.

Lo malo es que, cuando la humanidad finalmente se dé cuenta, ya será demasiado tarde, y tendremos muy bien merecida la realidad que sufriremos.

27 de agosto de 2022

Un animal loco

Creo que, cuando el resto de animales ven la destrucción que provocamos, han de decir "Ese animal loco está acabando con nuestra casa, ¿Qué no se da cuenta que se está autodestruyendo y a nosotros con él?"

Y es que ese animal loco destruye el único planeta que tiene para habitar, que contamina el agua que necesita para subsistir, que ensucia el aire que necesita para respirar, que destruye la naturaleza que requiere para sobrevivir, que envenena los alimentos que utiliza para nutrirse.

¿Todo por qué?

Por aparatos que nos entretienen, pero sin los cuales podemos vivir. Por unos papelitos, que les hemos dado un valor ficticio, y que nos hacen dar nuestro tiempo de vida a cambio de ellos. Por un supuesto status que creemos necesitar para subsistir.

Pero, cuando ya no tengamos nada de lo que sí necesitamos para vivir, hasta ahí nos daremos cuenta, que fuimos una bola de animales locos (por no decir, estúpidos).

Hebert Gutiérrez Morales

www.ingramcontent.com/pod-product-compliance
Lightning Source LLC
Chambersburg PA
CBHW050048260726
48658CB00005B/1842